Este libro pertenece a

. . . .

EL LIBRO DEL BEBÉ

Recuerdos y fotografías
de mi primer año de vida

GALA PONT • ALEIX FONT

Duomo ediciones

La espera

El .... fue el día que nos enteramos de que existías. Pero no pudimos verte hasta el ....

¡Pronto dejó de ser un secreto! Los primeros en enterarse de la noticia fueron .... Y poco a poco lo supieron más amigos y toda la familia. Todo el mundo quería saber si serías niño o niña. Pero no supimos que serías .... hasta ....

Esta es tu primera ecografía.

La primera cosa que nos regalaron para ti fue este

....

Y también fuimos a comprarte ....

....

La primera patada llegó el ....

Te movías mucho siempre que ....

....

Así era la barriga durante el embarazo:

Foto de las primeras semanas del embarazo.

Foto de las últimas semanas del embarazo.

Cuando solo faltaban dos semanas para tu llegada, dijeron que medías .... y que pesabas aproximadamente unos ....
Todos te esperábamos el día ....
pero finalmente naciste el ....

El nombre escogido fue ....

Pero esta era la lista de posibles nombres:

NIÑA	NIÑO
....	....
....	....
....	....
....	....
....	....
....	....

TU NACIMIENTO

Naciste el día ....

en .... a las ....

Llegaste a las ...... semanas y el parto duró

.... Allí estaban ....

....

¡Los primeros en conocerte!

Una vez estuviste en nuestros brazos, estas son las primeras personas a las que avisamos:

....

....

....

Y los primeros en visitarte fueron:

....

....

Así de felices estábamos al recibirte.

Esta es tu primera foto.

FICHA DEL BEBÉ

Peso: . . . .

Altura: . . . .

Color del cabello: . . . .

Color de los ojos: . . . .

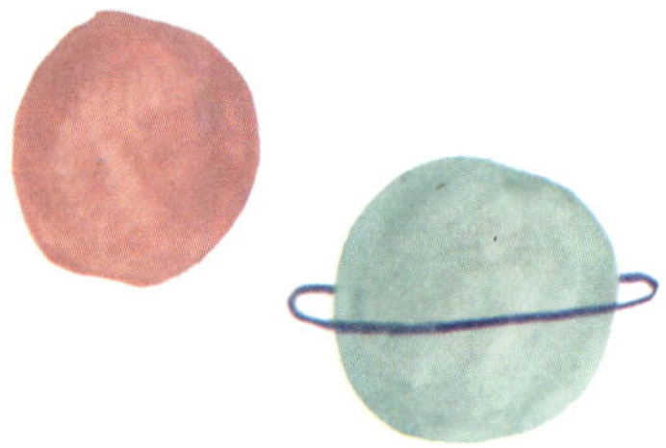

Aquí estamos, de camino a casa.

Salimos del hospital ....

el día .... Para llegar a casa,

fuimos en ....

Y mientras tanto, el resto del mundo seguía girando.

La canción que estaba de moda en ese momento era

. . . . de . . . .

La noticia más importante del día fue . . . .

. . . .

Y aquí está el precio de algunas cosas:

billete de metro

. . . .

pasta de dientes

. . . .

café con leche

. . . .

entrada de cine

. . . .

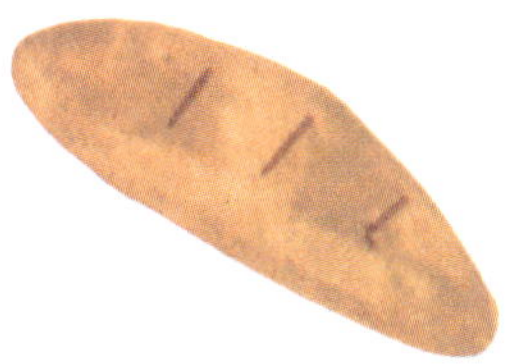

barra de pan

. . . .

tus primeros días

Llegaste a casa ....

Tu primera dirección fue ....

Y cuando entraste en casa lo primero que pasó fue ....

....

....

....

La primera noche que pasaste en casa ....

....

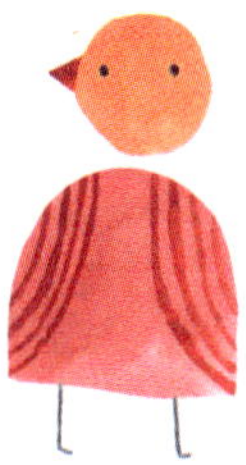

Espacio para la primera foto en casa
o para la foto de la habitación.

Durante tus primeros días en casa, en tu habitación tenías ......

....

y acabamos de prepararla para que tu espacio fuera muy especial.

Tanto como lo eres tú.

Vinieron a visitarte por primera vez a casa ....

.... y tú estabas ....

....

Tus primeros baños en casa fueron ....

....

y esta es la carita que ponías de bebé en la bañera.

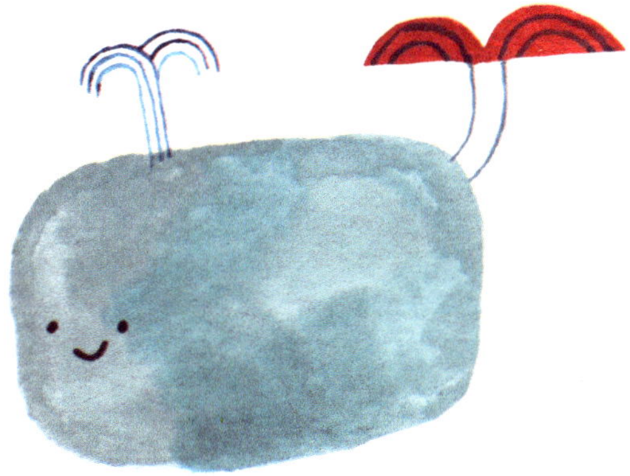

Tu primer chapoteo.

Los primeros días en casa nos teníamos que inventar todo tipo de cosas para que pudieras dormir y descansar. A ti te gustaba dormir ....

....

....

A los pocos días de llegar a casa, diste tu primer paseo por el barrio y esta es la foto del primer día que saliste a pasear:

Este fue tu primer paseo.

¿Cómo eras?

De bebé, eras ....

....

Te encantaba que te ....,
aunque también sabías ....
Lloraban mucho si ....
.... o si ....
.... Y no soportabas ....
....
Tu grito de guerra era .... Y si ....
.............................., te asustabas mucho.

Te reías a carcajadas ....

....

¡Tu risa era tan contagiosa que todos acabábamos riendo!

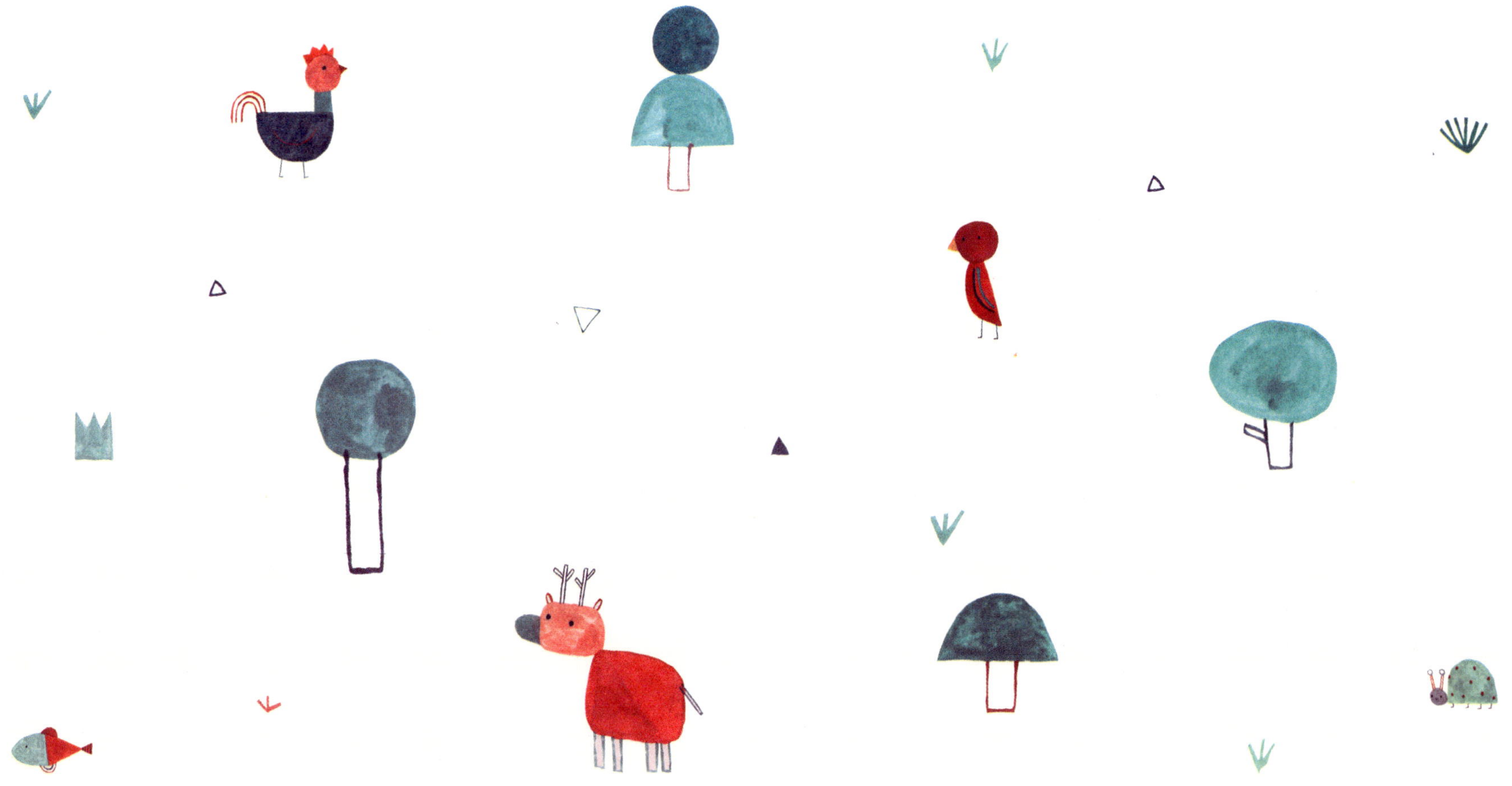

Este/a eres tú muy enfurruñado/a.

Esta es tu primera sonrisa.

.... y .... eran tus .... favoritos. Te pasabas horas mirándolos. Y a la hora de jugar, siempre te entretenías mucho con ....

También te fascinaba ....

HABILIDADES

Esta es tu primera sonrisa. Tenías . . . . y la hiciste

. . . .

. . . .

. . . . Es una de tus muchas habilidades porque no hay quien se resista a esa sonrisa.

Tu primera carcajada fue cuando . . . .

. . . .

y ese día todos nos partimos de risa.

Fotografía de tu primera sonrisa.

Cuando tenías .... empezaste a hacer tus primeros balbuceos y ruiditos divertidos. ¡Era un poco difícil entenderte!

Tus primeras palabras llegaron con ....
y fueron:

....

....

....

....

Aquí apareces sentado/a.

Poco a poco, ganaste en agilidad con las manos. Cuando agarrabas algo, no había manera de que lo soltaras y a los .... meses ya te llevabas todo a la boca. Y cada semana sorprendías con nuevas habilidades como ....

Empezaste a hacer tus primeros volteos sobre ....
....
cuando tenías .... y a los .... meses
ya te sabías sentar. ¡Mira qué bien te aguantabas!

Foto de las primeras croquetas
y poses del bebé.

Foto de las primeras croquetas
y poses del bebé.

Empezaste a moverte por la casa a los .... meses. Se te daba bien desplazarte .... ¡No había quien te te parara! Tus primeros pasos los diste en .... y ya tenías .... meses.

¡Qué mayor y qué rápido pasa el tiempo!

Con .... meses comiste tu primer.....................

Tu comida favorita era ....

Y dejaste muy claro que no te gustaba nada ....

¿QUÉ MÚSICA ESCUCHABAS?

Aunque durante el embarazo te poníamos ....
a medida que fuiste creciendo, escuchábamos también ....
....

Empezaste a seguir el ritmo de la canción ....
.... ¡Qué bien lo hacías!

Tu nana favorita era ....
y te la cantaba .... También te gustaba ....
....
¡Te dormías enseguida y en casa podíamos descansar!

Otras canciones que te gustaban

.... de ....

.... de ....

.... de ....

.... de ....

.... de ....

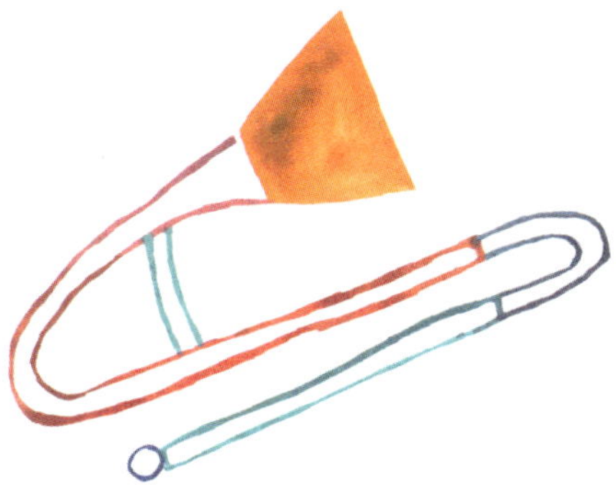

percances y travesuras

Tuvimos el primer susto cuando ....
.... Aunque no llegamos a ir al médico, te salió un buen chichón.
Y la vez que lloraste más fue cuando ....
.... ¡Qué disgusto!

También te caíste cuando ....
En esa ocasión, ...
Enseguida te curamos y era fácil pararte el llanto ....
....
¿Alguna marca o cicatriz?..............................
....

Otro gran disgusto fue cuando perdiste ....

.... Afortunadamente, ...

....

¡Menuda aventura!

Hiciste tu primera travesura con ....

.... Sucedió así: ....

....

....

mis primeros amigos

Hiciste tus primeras amistades en ....
El primer bebé que conociste se llamaba .... y tenía ....
Cuando veías a otro bebé como tú, ...
......................Y por la calle, a los otros niños, ...
....

Además, te llevabas muy bien con ....,
y cuando estabais juntos ....
.... Os llamábamos ....

Tus primeros amigos.

NOMBRE: ....

Tus primeros amigos.

NOMBRE: ....

MIS PRIMEROS JUGUETES

El primer juguete que tuviste fue .... Siempre estabas .... Más tarde, te regalaron un .... ¡y os hicisteis inseparables!

Cuando empezaba a oscurecer y tocaba ir a la cama, tu compañero favorito para dormir era .... ¡Nunca fallaba!

En cambio, a la hora del baño, te encantaba estar chapoteando en el agua y jugar con ....

Foto con uno de tus juguetes favoritos.

MIS PRIMEROS LIBROS Y DIBUJOS

Por las noches, antes de acostarte, a veces te leíamos un cuento.

Tu favorito era ....

Además, también tenías el libro de ....

con el que te lo pasabas muy bien.

Para que no te olvides, estos fueron los primeros libros de tu biblioteca:

.... de ....

.... de ....

.... de ....

.... de ....

.... de ....

Empezaste a coger un lápiz a . . . .

y te encantaba hacer garabatos y . . . .

¡Artista!

Este es uno de tus maravillosos dibujos.

Mis primeros paseos

La primera vez que saliste de casa fue el ....

Decidimos salir para ....

Hacía un día .... y tú ....

....

A menudo, salíamos a pasear por ....

En el cochecito, tú te distraías con ....

siempre mirabas .... A veces, encontrábamos

a alguien conocido que te decía: «........................».

Tú en el cochecito.

Durante tu primer año, el viaje más largo que hiciste fue a ....

.... Te acompañaban ....

.... ¡Una aventura!

La idea era ....

....

Y estos serían los siguientes destinos que visitarías:

....

....

....

....

....

Mi primer cumple

¡Ya ha pasado un año! Aquí tienes algunos recuerdos del día de tu primer cumpleaños:

.... Decidimos celebrarlo en ....

Invitamos a ....

....

Cocinamos un delicioso pastel de ....

¡Mmm, qué rico estaba!

Fotos de la fiesta de cumpleaños: el pastel, los invitados...

Recibiste algunos regalos, entre ellos, ...

.... Aunque lo que más te gustó fue ....

.... ¡La fiesta fue todo un éxito!

Fotos de la fiesta de cumpleaños: el pastel, los invitados...

Foto de la fiesta.

El baúl de los recuerdos

¡Cuántas cosas pasaron ese primer año! Muchísimas experiencias inolvidables e imborrables de tus primeros pasos por el mundo.

Y aquí están tus huellas. Así eran tus pies y tus manos con 12 meses:

Huella de la mano

Huella del pie

Y este fue tu crecimiento durante tu primer año:

FECHA	EDAD	PESO	TALLA	PC
....	....	....	....	....
....	....	....	....	....
....	....	....	....	....
....	....	....	....	....
....	....	....	....	....
....	....	....	....	....
....	....	....	....	....
....	....	....	....	....
....	....	....	....	....
....	....	....	....	....
....	....	....	....	....
....	....	....	....	....

Y aquí tienes resumido tu primer año en 12 fotos:

2 meses

3 meses

1 mes

4 meses

5 meses

6 meses

7 meses

8 meses

9 meses

10 meses

11 meses

12 meses

Diseño y maquetación: Aleix Font
Equipo de redacción: Àngels Balaguer, Ángela Esteller, Núria Falcó

Primera edición: marzo de 2021
Duomo Ediciones es un sello de Antonio Vallardi Editore S.u.r.l.
www.duomoediciones.com

Gruppo Editoriale Mauri Spagnol S.p.A.
www.maurispagnol.it

ISBN: 978-84-18538-01-8
Código IBIC: YB
DL B 957-2021
Impreso en Grafostil, Serbia